Originalets titel:
Lyckas med skolan och livet
© 2016, Christian Keiller
www.lyckasmedskolan.se
christian@lyckasmedskolan.se

Korrektur och sättning:
Christian Keiller
Adress: Lyckas med skolan och livet
Brunnsgatan 8, Mölndal
Tel: +46-73-6260033

Förlag: BoD – Books on Demand, Stockholm, Sverige
Tryck: BoD – Books on Demand, Norderstedt, Tyskland
ISBN: 978-91-7699-385-9

Ett andetag till lycka i skolan och i livet,
är det intressant?

Sociala färdigheter för unga vuxna.

LYCKAS MED
SKOLAN & LIVET
av Christian Keiller

Innehållsförteckning

Ett andetag till lycka i skolan och livet,
är det intressant?
Förändring är ofrånkomligt men personlig utveckling är
ett val. Dina tankar skapar din värld och dina
möjligheter. Med lugn bland tankar och känslor kan du
lättare realisera dina mål. Här lär vi oss att ha kontroll
över våra tankar och därmed vårt liv. Dina tankar – dina
möjligheter[1]. Här i Sverige, ett av världens tryggaste
länder, är det mesta möjligt. All tänkbar hjälp och
resurser finns tillgängliga när vi är mottagliga. Dina
tankar styr ditt liv.

Möjlighet för god hälsa, fina och meningsfulla
relationer, nöjen, trygghet och kärlek finns här och nu,
när du har kontakt med dig själv. Kärlek är mer än bara
åtrå till någon annan. Allt börjar med att älska sig själv.
När du älskar dig själv har du lättare att ge till andra och
ha mer överseende om någon eller något beter sig eller
händer som du inte vill eller har planerat.

Vill du gå från var du är till ett mer önskvärt läge? Har
du någon förebild? Vem vill du vara eller var skulle du
vilja vara om du fick önska?

---

1. Gustavsson, Lasse. Brandmannen. *Dina tankar Dina Möjligheter.*

Genom denna skrift, med enkla övningar, kan du än
lättare gå den väg du önskar.

Övning 1 - Observera tanken

Genom att observera och se tänkaren, alltså dig själv, får
du distans[2]. Tankarna i våra huvuden är likt en stor och
stark flod av vatten. Likt en flod är tankarna
många, parallella och i oändlig strid ström.
Första steget är att observera tanken.
Observera det du tänker på just nu.

Genom att observera tanken, stillas flödet.
Målet är att få ner en flod av tankar till en stillsam
bäck. När våra tankar är lugnare, är målet att få tankarna
än mer lugna likt en stilla pöl av vatten.

Helt stilla är våra tankar.
Helt stilla är våra tankar just nu.

Vi går in i nuet.
Allt är möjligt i nuet.

2. Tolle, Eckhart. *En ny Jord, Ditt inre syfte.* 2007.

I nuet är vi mottagliga för möjligheter.
I nuet är vi öppna för att se det goda vi har.

Stillhet i tanken möjliggör rationella val. Stillhet i tanken öppnar ditt sinne och hjärna (hjärta) för positiva händelser.

För att positiva händelser skall komma till dig behöver dina tankar vara lugna likt en stilla pöl.

Allt du behöver göra är att observera tanken. Genast blir tankarna lugnare och du kommer in i nuet.

När du befinner dig i nuet är ditt sinne klart och du blir ditt äkta jag. När du är dig själv strålar du av inre lycka, omvärlden svarar på samma vis och förvandlingen börjar.

Självbild

Världen är likt en spegel, det du skickar ut får du tillbaka. Räcker du ut tungan i spegeln räcker spegelbilden ut tungan mot dig, eller hur? Hur vill du bli behandlad? Vilken bild vill du att "spegeln" -världen visar till dig?

Du behöver ge och föregå med det uppförande som du vill att världen skall visa till dig. Du behöver ge innan du kan få. Känner du rädsla kan det vara en utmaning att visa trygghet och självkontroll. Att få kontakt med dig själv genom stillhet i tankarna kräver tålamod och ihärdigt praktiserande. Genom stillhet i tankarna, hamnar du i kärleksfulla, rika, trygga och lyckliga relationer med dig själv och andra, som du önskar. Tålamod behövs för att bygga upp en trygg självbild – att tycka om sig själv. Omvärlden reagerar, ser och märker långsamt din trygga och positiva attityd. Som du sår får du skörda men först en säsong senare! Sår man på våren skördar man till hösten, som bekant inom jordbruket. För att visa sitt äkta jag för omvärlden behövs tålamod och många upprepningar. När du är trygg och stabil blir även omgivningen trygg och litar på dig. Om du möter världen med rädsla, hat och bitterhet kommer det tillbaka till dig.

Tålamod behövs för att bygga upp en långsiktig och stark relation med dig själv. Genom kontakt med dig själv kommer pauser i tankeflödet, blir du inifrån styrd och därmed stark i tanken. När du är stark i tanken kan du välja tankar, därefter vänner och relationer. När du älskar och förlåter dig själv älskar och förlåter du alla andra längs vägen. Säg tack till dig själv. Älska dig själv. Ta vara på nuet för det är allt som någonsin finns. Tryggheten kommer inifrån dig, när du är lugn i sinnet och accepterar dig själv så som du är oavsett omständligheter.

Närvaro i nuet

Genom närvaro i nuet kommer själva livet till dig. Gå in i nuet, så att du är närvarande och öppen. Rör vid något och observera känslan, och du blir medveten om nuet. Observera materialet som t ex din hand rör vid. Är det varmt, kallt, mjukt, strävt, hårt, torrt eller vått? Fokusera på vad du gör. Fokusera på känslan. Hur rör dina fötter sig mot marken när du går? Observera varje fotsteg. Känn underlaget mot din rygg, bak och ben om du sitter eller ligger. Observera din kropp mot materialet. Vilka delar av din rygg eller ben rör vid underlaget, t ex sängen, soffan eller stolen?

I nuet finns ingen rädsla. Gör du motstånd? Observera tanken/motståndet och du blir fri. Acceptera nuet oavsett form. Var i nuet. Var tacksam för nuet oavsett vad som händer just nu. Nuet är som det är. Nuet är allt som är och omöjligt att ändra på. Acceptera nuet och möjliggör resan framåt. Nuet är neutralt. Du väljer vilken tanke/känsla du skall ha. Negativa tankar saboterar nästa nu. Genom att acceptera nuet blir du fri och kan verka i harmoni med dig själv och andra.

Meditation

Meditation, och även yoga, är en övning i medvetenhet. Att bli medveten om tanken dvs stilla tanken genom meditation möjliggör frid och en känsla av välbefinnande. Minskat tankeflöde kan bidra till lugn och trygghet. Med lugnet kan vi ta emot de gåvor som livet har att erbjuda oss. Våra tankar har en tendens att döma och oroa oss. Tankar behövs inte mer än för daglig aktivitet och planering. Bortom tankarna får du kontakt med livsenergin och oändlig visdom. En väg till stillhet är att meditera. Ett vanligt meditationsobjekt är andningen. Genom fokus på andningen eller annat meditationsobjekt avtar tankeflödet och du når medvetenhet/upplysning, kallat frid i sinnet. Observera det lilla tomrummet när du håller andan, mellan in - och utandningen och tankarna blir stilla likt en pöl. Att släppa taget om tanken och våga skapa tomrum för dig själv, är en konst, och vägen dit kallas meditation.

Meditation är en metod att få kontakt med källan till tanken. Meditation är att tillåta "anden", ditt undermedvetna, att prata med dig. Anden av allt levande pratar i tysthet och manifesteras för dig som ett tillförlitligt lugn av visdom och trygghet där din inre intuition/visdom kan nå dig.

Känslor

Känslor är en skugga lika våra egna tankar. Allt styrs av känslor vilket egentligen betyder omedvetna tankar. Människan har två grundläggande kategorier av känslor: kärlek eller rädsla[3]. Alla känslor vi har kan knytas till antingen kärlek eller rädsla, vilket styr våra handlingar. Vi föds trygga och kärleksfulla. Kärlek är vårt grundtillstånd vilket möjliggör långsiktiga och trygga val som skapar lycka för dig själv och andra. Rädsla är dominerande, väger mycket tyngre, och styr därmed många beslut.

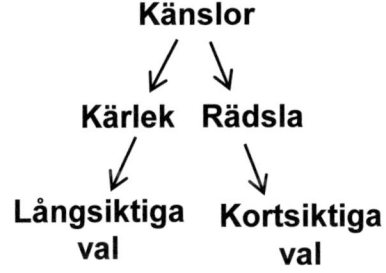

Bild. *Människan har två känslor: kärlek eller rädsla.*

Trygga personer kan prata om allt. Otrygga personer kan yttra sin otrygghet/rädsla genom att bråka. Kärlek medför långsiktiga val.

3. Bergman, Jackie. *Att välja Rädsla eller Kärlek.*

I kärlekens fält finns acceptens och förlåtelse. I kärlek finns tålamod att vänta med att döma eller förvänta sig vissa resultat. Det behövs träning och mycket egen kärlek för att inte välja rädsla som första val. Det enda att vara rädd för är rädslan själv. Om det inte är en omedelbar fara är rädslan bara en tanke i huvudet. Rädslan blockerar dina tankar och handlingar. Bli fri från rädslan genom att gå in i nuet. Observera tanken och du blir fri. Rör vid något och observera vad du känner och du blir fri.

Undermedvetet / omedvetet tänkande

Omedvetna eller undermedvetna tankar styr ofta våra handlingar. Våra undermedvetna tankar är något vi har med oss från barndomsåren. Undermedvetna tankar kallas för paradigm då de är så styrande, likt en lag av omedvetna beteenden. Språk, värderingar, tankesätt, uttalade och outtalade handlingar blir alla människor matade med under uppväxten. Först när något är verkligt i tanken, djupt förankrat i ditt undermedvetna kan det manifesteras i verkligheten[4]. Genom att bli medveten om ditt eget paradigm, din egen lag/bete-ende, kan du få det beteende du önskar.

---

4. Tracy, Brian. *Secrets of self-made millionaires*. USA.

Dina vibrationer i ditt undermedvetna styr vilka signaler du skickar ut. Vibrationerna manifesteras när du är i kontakt med dig själv och nuet. Människan är sitt energifält vilket styrs av din hjärna. Hjärnan får all information genom sina fem (5) sinnen: syn, hörsel, lukt, smak och känsel.

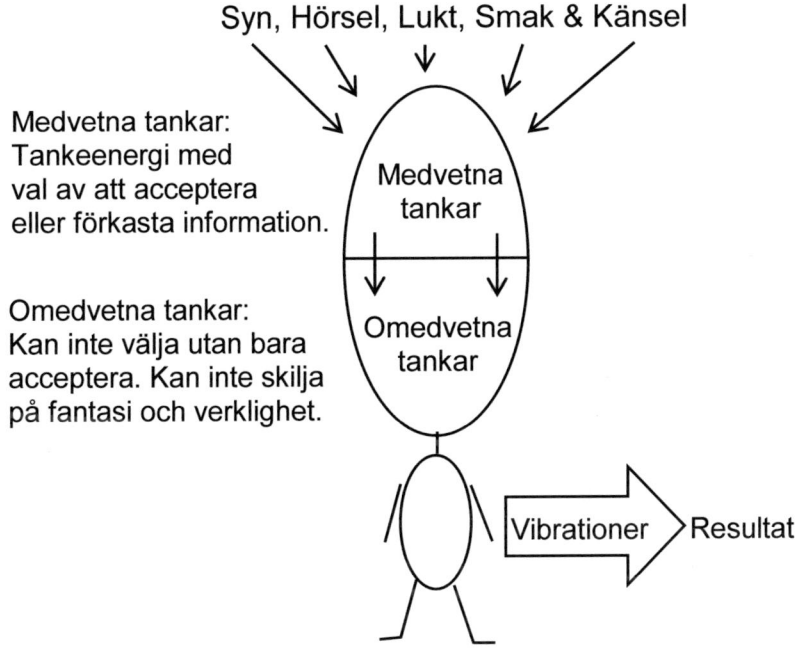

Syn, Hörsel, Lukt, Smak & Känsel

Medvetna tankar:
Tankeenergi med
val av att acceptera
eller förkasta information.

Medvetna tankar

Omedvetna tankar:
Kan inte välja utan bara
acceptera. Kan inte skilja
på fantasi och verklighet.

Omedvetna tankar

Vibrationer > Resultat

Bild[5]. Människa: hjärnans medvetna respektive omedvetna tankar. Människan får information från sina fem sinnen: syn, hörsel, lukt, smak och känsel.

5. Proctor, Bob. *http://bobproctorcoaching.com.*

Medvetna tankarna, filtreras ner till de omedvetna
tankarna, vilka ger signaler till kroppen till olika
handlingar. Handling ger resultat. Kroppen är hjärnan
och tankens verktyg. Mental aktivitet är att tolka
information, dra slutsatser och förhoppningsvis välja
kloka handlingar med goda resultat.

I harmoni med våra omdemedvetna tankar formas goda
vibrationer, vilket leder till handlingar med goda
resultat.

Mitt beteende styrs av omedvetna tankar

Stillhet i tanken ger
möjlighet att komma i
kontakt med nuet och
därmed dina omedvetna
tankar.

Dina omedvetna
tankar styr dina känslor
och logik.

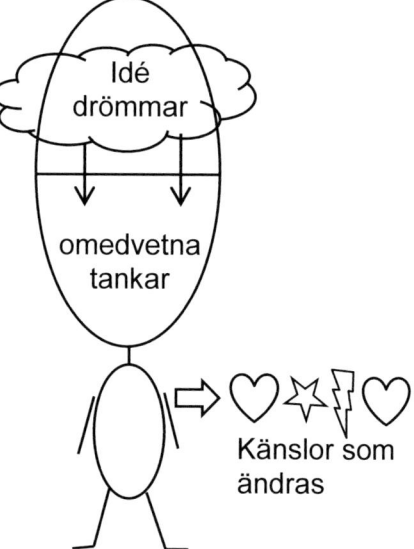

Idé
drömmar

omedvetna
tankar

Känslor som
ändras

Bild. Vibrationerna i kroppen ändras efter att ditt omedvetna tänkande
fått "mogna" från det medvetna tänkandet.

18

Barnets hjärna är likt ett öppet kärl. Det finns inga medvetna tankar att filtrera ner till omedvetna tankar. Barnet är sina omedvetna tankar.

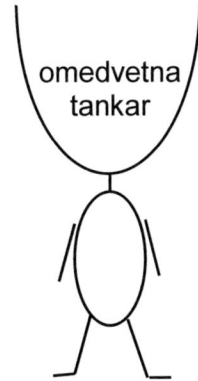

Bild. *Barnet är sina omedvetna tankar.*

Alla dagar under varje år från 0 till ca 8 års ålder, programmeras barnet av sin omgivnings värderingar. Barnet programmeras av sin omgivning till språk, signaler, känslor, vinster och förluster. Paradigmet är vanor. För den nyfödde är det i huvudsak andras vanor. Paradigmet är i barnets tidiga ålder repetition av andras vanor och beteenden. Är omgivningen positiv eller

19

negativ, kärleksfull eller rädd, sätter det spår i den alltmer vuxna individen.

Övning 2 - Säg till dig själv

Jag har kontroll över tankar och känslor. Jag lyssnar på omvärlden och accepterar nuet. Jag känner tacksamhet för det som är. Jag lägger inte skulden på någon annan person eller händelse än hos mig själv. Jag tar ansvar och styr över mina känslor och tankar. Vi är alla energi. Vi avger alla energi till vår omgivning. Önskningar att uppnå någonting utlöser energi dvs handling. Jag drömmer varma stora drömmar. Jag älskar mig själv. Jag älskar livet. Jag acceptera nuet oavsett omständigheter.

Flow

Flow eller flyt i livet, uppstår när du har jämnvikt och harmoni mellan hjärnans tre huvudsakliga begär. Din hjärna är, enligt forskare, programmerade för tre (3) begär: stimulans, sömn och struktur. Vid jämnvikt mellan dina begär - stimulans, sömn och struktur får du en god relation med dig själv och omgivning sk. flyt eller flow.

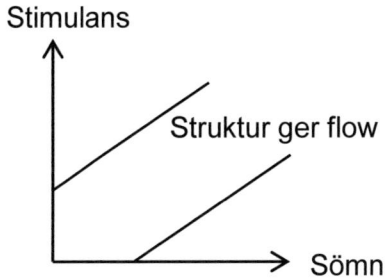

Stimulans

Struktur ger flow

Sömn

Bild: *Jämnvikt mellan stimulans och sömn ger struktur, vilket känns som flyt eller flow, och livet blir lättare.*

Sömn och stimulans har du naturligt medan struktur är något du behöver lära dig genom övning.

Sömn

Du behöver sömn och återhämtning, särskilt i unga år. Din hjärna och kropp behöver mycket sömn för att utvecklas och växa. Växande kvinnor behöver 10-11timmars sömn och växande män kan klara sig på 9-10 timmar sömn per dygn. Lyssna till dina inre signaler. Ibland behövs mer och ibland mindre sömn i olika perioder av livet.

Struktur

Sanning, rutiner, ordning och reda ger struktur och ett enkelt liv. Försök att städa både i garderoben, ditt rum, eller var du bor, och även bland dina tankar och relationer. Börja där du känner att du kan. Kanske är det enklast att börja städa bland dina saker och att ha ordning i garderoben? Skapa rutiner och system för hur du utför vardagsgöromål och hur du handskas med olika händelser. Struktur är ofta en investering i framtiden och ger dig lugn och trygghet.

Stimulans

Människans normaltillstånd är stimulans. Stimmulans känns levande – världen ser på mig. Det att stimulera hjärnan med massor utav intryck och kallar det att ha roligt är vanligt förekommande i vår kultur. Stimulans dövar hjärnan och håller hjärnan sysselsatt. Det kan vara hög musik, spela data spel eller att retas med någon eller med sig själv. Stimulans kan vara att skapa ett drama eller en konflikt. Stimulans kan vara att utifrån uppleva något genom att äta t ex sötsaker eller röka eller dricka alkohol eller andra droger. Att stimulera hjärnan med utifrån kommande medel är att slå ihjäl sin tid. Stimulans är inte glädje eller en verklig upplevelse som är djup till sin natur även om stimmulans kan kännas rolig och belönande ett kort tag. Fråga dig själv om din aktivitet ger eller tar energi. Det kan vara av värde att då och då observera vad du själv håller på med. Fråga dig själv vad du gör just nu, är det stimulans eller är det struktur dvs mer långsiktigt? Verklig glädje kommer inifrån och kräver ofta lite arbete och ansträngning. Verklig glädje kan vara att engagera sig i något. Glädje kan vara umgänge, trygga djupa möten eller att utöva - dans, -sport eller -musik. Verklig glädje kan vara att skapa något som medför trygghet för familjen eller andra livsformer på vår planet. Det finns två olika typer av stimulans - tagen och förtjänad. Ofta går våra hjärnor på högvarv, vi saknar stillheten, lugnet och närvaron.

Genom att göra sönder något, skapa irritation eller drama får vi tagen stimulans. Det känns som om världens ögon ser på oss. När du får uppmärksamhet stimuleras din hjärna. Bekräftelse av att du finns uppstår och du kan känna dig behövd även om det är en illusion. Du är alltid behövd som person men dina handlingar i detta läge, om de inte bidrar till harmoni, behövs inte.

Genom att välja långsiktiga val får du förtjänad stimulans. Var flitig och arbeta med dina läxor. Fokusera på det som behöver göras och du får omgivningens beröm och glada tillrop. Var en källa till lugn, trygghet och glädje för dem omkring dig. Var diskret, inspirerande och fråga hur du kan vara till hjälp. Det tar tid och tålamod att få förtjänad stimulans.

Förtjänad stimulans är vägen till verklig glädje. Det är lätt att falla in i tagen stimulans. Att tillverka exempelvis en vanlig blyertspenna är näst intill omöjligt för en vanlig människa. Att göra sönder samma penna är lätt och alla klarar detta. Med stillheten i sinnet söker vi naturligt den långa vägen till förtjänad stimulans, utan ansträngning. Genom att observera tanken och komma in i nuet, kan du byta ut stimulans till varande. När du är i varandet och accepterar nuet oavsett omständigheter blir du lugn och trygg. Du får sömn, struktur och varande som en del av din vardag. Istället för att pendla mellan ytterligheterna struktur eller stimulans kan du vara trygg i varandet, bli fri i tanken och agera vaket och strukturerat.

Varande för lycka och harmoni

Stimulans är europeiska hjärnors normaltillstånd i vaket tillstånd. Genom att observera tanken och komma in i nuet, kan du byta ut stimulans till varande. När du är i varandet och accepterar nuet oavsett omständigheter blir du lugn och trygg. Du får sömn, struktur och varande som en del av din vardag. Istället för att söka stimulans kan du vara trygg i varandet, bli fri i tanken och agera alert och strukturerat.

I varandet är du tillfreds med vad som är. I varandet finns tacksamhetens fält och du får en behaglig lugn känsla inom dig. Meningen med livet är enligt Dalai lama[6] - lycka. Lyckan är som störst när du är i harmoni med dig själv. Harmoni med omvärlden följer naturligt när du är i varandet. Ett steg är att ge upp allt motstånd och vara tacksam för vad som är, nuet. Efter träning kommer detta ge dig bra självkänsla och trygghet för dig själv.

Kontakt/vibration med dig själv

Genom att observera din tanke kan du komma i kontakt med dig själv. En person som ligger väldigt högt i vibration, hög frekvens, saknar kontakt med sig själv. Utan kontakt med sig själv finns ingen kontakt med andra. När kontakten med andra uteblir uppstår ännu mer frustration och besvikelse. Personer som ligger lågt i vibration, depression, saknar likväl kontakt med sig själva. Genom att komma in i nuet uppnår du ett normaltillstånd. En jämn vibration/frekvens, ger kontakt med dig själv. När du är stilla i sinnet har du kontakt med dig själv. Genom kontakt med dig själv kan du sedan umgås och agera med andra.

6. Cutler C., Howard och lama, Dalai. *Lycka!*.

Dysfunktionell familj eller programmering som barn

Dysfunktionella familjebeteenden från föräldrar och närstående under barnets uppväxt ger självklart den växande individen problem med känslor och relationer i livet. Ta ansvar för ditt beteende. Förändring kan bara komma från dig och inifrån varje enskild individ. Det är svårt, omöjligt, att ändra någon annan som exempelvis dina föräldrar. Kom ihåg att dessa föräldrar också blivit programmerade av sina föräldrar och nära omgivning och upplever sitt beteende som normalt. Vissa föräldrar vet inget annat och kan vara fast i tanken och gamla mönster.

Vill du ha ett lyckligt liv med kärleksfulla relationer till dig själv och andra? Strunta i omgivningens negativitet och försök att ansvara för dina känslor och ditt liv. När du får negativa tankar - observera tanken. Säg till tanken - Hej tanke! Förvandlingen börjar och du kommer in i nuet. Din oro lägger sig. Du blir lugn. Du börjar se omgivningen och allt runt om kring dig lite klarare. Ta en paus. Observera tanken och du blir stilla i sinnet. Rör vid något och observera materialet. Kom ihåg att det kanske inte är så viktigt. Vad det än är så är det kanske inte så viktigt? Låt lugnet och stillheten visa dig vägen.

Låt kunskapen bakom dina tankar guida dig. Låt din intuition nå och komma till liv inom dig.

Älska och var snäll mot dig själv

Du behöver inte prestera hela tiden. Du behöver inte vara nyttig hela tiden. Älska och var snäll mot dig själv[8]. Ta dig tid för lugn och ro. Se till att äta ordentlig, bra, nyttig och lagad mat. Ge dig tid för sömn och vila. Ge dig tid att inte göra någonting. Ett fint sätt att komma i kontakt med dig själv är att gå i naturen. Om det finns möjlighet, gå ut och gå i parken eller en närliggande skog. Observera löven, träden och om det finns djur… observera dem utan att döma. Lyssna och observera fåglarnas läten, flygstilar och beteenden. Det är många personer som fått sina finaste insikter om sig själva genom kontakt med djur och natur. Det kan vara en katt, hund eller fågel i din närhet.

Skapa inre rymd

Vi består mest av tomrum. Även något så litet som en atomkärna består mest av tomrum. Ett rum består mest av tomrum. Rymden där vår planet, där vårt livsrum, befinner sig har mest tomrum. Skapa tomrum för dig själv och andra och livet självt manifesteras för dig.

8. Dyer, Wayne W. *Älska dig själv.*

Genom stillhet i tanken kan du lättare och lättare skapa tomrum i ditt tanke- och talflöde. Tomrum är bra. Uppehåll är bra. Vad som än händer är det svårt att dra slutsatser direkt. Få in lite tomrum och distans i vad som än händer och livet blir mer behagligt att leva.

Förlåtelse

Att be om förlåtelse när du har gjort någonting tokigt eller dumt är bra. Vad som är ännu större är att ge förlåtelse till någon som har varit dum mot dig. Den som är störst i tankarna förlåter den andre, villkorslöst, oavsett om denne förtjänar det eller inte. Att ge och få förlåtelse av någon är oerhört befriande. Att säga till någon att det är okej, jag förlåter dig. Jag förstår att du gjorde så gott du kunde utifrån situationen. Acceptera nuet, frigör energi och gör någonting bra och roligt istället för att tänka på gamla oförrätter och tråkigheter. Att släppa och gå vidare blir möjligt genom att gå in i nuet. Amerikanska TV stjärnan Opera Winfres tolkning av förlåtelse är: förlåtelse är när jag accepterar det som hände fullt ut utan att önska att det kunde ha varit annorlunda. Om någon gör samma misstag mot dig om och om igen, förverkas givetvis förtroendet. Istället för att göra motstånd, gå där ifrån. Försök att få distans och avstånd mellan dig och personen som behandlar dig illa.

Genom att vara ett föredöme, förlåta, och inte ge igen med samma mynt, kan med tiden en varaktig frid och harmoni råda.

Tacksamhet

Livet är stort, med ödmjuket och tacksamhet inför livets gåvor når du harmoni inför vad som är. Med stillhet i sinnet kommer tacksamheten till nuet lättare. Känn glädje och tacksamhet inför det du har och får och du skapar positiva vibrationer. Människor gillar andra människor som är tacksamma, ödmjuka och nöjda. Att kräva det ena eller andra av dig själv, andra eller av världen är sällan en framkomlig väg. Genom att säga tack, och mena det, när någon tar sig tid eller ger dig något skapas ofta positiva vibrationer.

Livsmål

Ordna dig ett livsmål. Ett mål kan vara - Att ge kärlek och trygghet till andra. Ha långsiktiga mål. Skriv ner dina mål på papper.

Att skriva ner sina mål på papper möjliggör, för dig, att lättare realisera. Vad vill du egentligen? Skriv ner och visualisera ditt mål tydligt på papper för att nå ditt undermedvetna. Genom att använda bilder blir dina framtida drömmar mer verkliga i nuet, där du är. Rita egna eller klipp ut bilder från tidningar och liknande för att skapa mentala bilder i ditt huvud, om vem du vill vara. Skapa din egna mentala karta. Senare när du står inför val, kanske: skall jag spara pengarna eller köpa hälsofarligt godis? Bilden du skapat på papper om vem och var du vill vara blir levande i ditt huvud. Gradvis formar du mer långsiktiga mål som för dig närmare dit du vill. - Din mentala karta. Att spara pengar kan ofta vara ett klokt och långsiktigt mål, men det är upp till dig.

Livet kan många gånger liknas vid ett livspussel utan någon plan, mål eller visuell bild av vem du vill vara. Underlätta för dig själv och gör en personlig plan för vem du vill vara. Genom att skapa en tydlig personlig bild av vem du vill vara manifesteras det lättare i verkligheten. Nedan gör du, som vill, en personlig plan för dig själv.

Bild. Hjärnan tänker i bilder.
Dina bilder blir till handling.

Välj
Tankar
↓
Bilder
↓
Handling

Övning 3 - Mental karta

Rita, klipp och klistra en realistisk karta över ditt möjliga liv. Skriv i punktform hur du vill att ditt liv skall manifesteras. Hur vill du att ditt liv skall se ut? Skriv mycket och dröm stora drömmar. Vad vill du egentligen? Allt är tillåtet! Gör en kladd och skriv allt som poppar upp bland dina tankar. När du har en lista på hur ditt liv kan vara Fråga dig själv: -Hur kan ett första möjligt steg se ut för att närma sig detta liv? Fråga dig själv: -Vad kan jag göra eller påverka just nu för att komma närmare mina mål? Renskriv dina livspunkter. Gör en trappa eller karta som visar i vilken ordning du gör vad och hur...

Rita eller måla egna bilder, eller hitta bilder i tidningar eller på internet som symboler för dina mål. Ta med bilder för dina näraliggande och dina något mer långsiktiga mål. Organisera materialet likt en trappa! Försök att skapa en struktur för att göra målen så tydliga som möjligt. Som du vet: allt i livet är relationer snarare än pengar? Fokusera därför på vilka relationer du har till dem du samarbetar med och under vilka former. Ta med kärleksrelationer. Vad du och din älskling gör... din drömpartner.

Kärleksrelationer är ofta mer tändande än ekonomiska mål, vilket kan vara bra. Tändande mål ger dig större driv och motivation. Se dig och din partner framför dig. Vilka egenskaper har du? Känn doften av dig själv, honom eller henne.... om det känns bra. Vilka egenskaper har du för att realistiskt vara ihop med denna person? Vilka egenskaper har den bästa versionen av dig själv?

Kom ihåg att detta är en lek och ta detta på skoj. Gör en kladd och kom igång med att rita en enkel bild. Rita eller använd gärna bilder du hittar i gamla vecko-tidningar och ordna allt på ett blankt A4/A3 papper för att förstärka och göra din bild eller mentala karta levande. Ha din färdiga bild och karta framme så att den hålls levande i ditt sinne. Kom ihåg att visualisera dina känslor både till dig själv och till andra människor, på pappret. Kom ihåg att den viktigaste personen att ha en bra relation med - är du själv. Visa på din mentala karta att du älskar och accepterar dig själv. När du har en stark visuell bild av vem du vill vara blir det likt en stark magnet. - Händelser dras till dig för att färdigställa bilden du har av dig själv. – Du formas till hur dina tankar ser dig själv som. Med stillhet i tanken blir tanken naturligt vacker om dig själv, utan ansträngning.

Attitydskomihåg för ett enklare liv

En vinnarattityd

En förlorarattityd

En vinnarattityd	En förlorarattityd
Ändrar sitt eget beteende.	Försöker ändra andras beteende.
Arbetar hårdare - och har mer tid.	Har alltid för bråttom för att göra det som är nödvändigt.
Går igenom ett problem.	Går omkring problemet och kommer aldrig vidare.
Vet när det är läge att kämpa hårt.	Håller fast vid det som inte är värt att kämpa för och ger sig när det inte är läge.
Lyssnar.	Väntar på att det blir dennes tur att tala.
Då har jag inte uttryckt mig klart nog.	Du missförstår mig.
Jag gjorde ett fel och skall rätta till det.	Det var inte mitt fel.
Vi ser olika på denna sak och det är okej.	Jag ändrar inte åsikt.

Jag är bra, men kan bli ännu bättre.	Jag är inte så dålig som så många andra.
Låt mig förklara på ett annat sätt.	Som jag har sagt åtskilliga gånger......
Blir aldrig för gammal för att lära något nytt.	Vet du hur många år jag har i branschen?
Respektera dem som är bättre än jag själv och försöker lära av dem.	Erkänner inte andras kompetens – försöker finna svagheter hos dem.
Använder tiden till att bli bättre.	Använder tiden till att undvika kritik.

Skapa positiva vanor

Försökt att forma positiva vanor i livet. Om ditt liv är i nedåtgående trend med negativa vanor är en första stor utmaning att stanna vanorna. Till att börja med, observera negativa vanor som inte ger dig något långsiktigt. Observera tanken innan de blir till handling. Ersätt negativa tankar/vanor med stillhet. Var nöjd och bara fokusera på att skapa stillhet och lugn i dina tankar. Du kan prova meditation eller yoga. Ta små lugna steg till en stabilare och lugnare tillvaro. Förlåt dig själv och andra och bestäm dig för att du är värd mer. Du är värd positiva relationer, till dig själv och andra. Du är värd positiva händelser och trender. Att vända en nedåtgående trend och plana ut är möjligt. När du möter positiva händelser i livet är det troligt att det först tar emot och att du omedvetet saboterar för dig själv. Det är helt naturligt att det för sinnet och hjärnan känns ovant, när saker börjar gå bra. Det känns arbetsamt, tar emot, och en känsla av att ha blivit lurad kan ta vid. De goda händelserna är sanna! Tro på dina välgörare. De vill dig inget illa. Att inte känna igen sig själv när det känns bra, om det varit tungt tidigare, kan vara vanligt. Känslan av att ha en klump av oro i magen kanske är borta och det uppstår en saknad! Lätt att göra något dumt för att känna den där stressen igen så att klumpen av oro kommer tillbaka. Strunta i den gamla klumpen och gör bra saker, långsiktiga mål, låt friden och stillheten lägga sig i ditt sinne.

Må bra boken

En väg att få och bibehålla goda relationer till sig själv, och därmed andra, är att skriva dagbok till sig själv. Finn din egen trygghet genom att skriva dagbok till dig själv.

Skriv dagbok eller ännu bättre skriv: Må Bra Bok[8]. Det negativa är som det är. Det du fokuserar på växer. Fokusera på det positiva och du får mer av det.

Skriv din egen berättelse dag för dag, varje dag. Tips: köp en almanacka, där varje dag är en dag i A5 format, att använda som din Må-Bra-Bok.

Skriv enligt följande:
1. Tack
2. Bra
3. Välkommen

Genom att skriva enligt ovanstående system, gärna i ordning och i följd 1 till 3, får du även kontroll över tankarna i skrivögonblicket. Under tack skriver du sådant du kan vara tacksam över. Tacksam för en natts sömn. Tacksam för det du har ätit. Låt säga att du inte fick mycket sömn eller mat: skriv ändå bara det som du dock fick och var tacksam över det. Tack för hälsan... tack för rent vatten... tack för kläderna du har... tack för de relationer du har... tack för att du kan läsa detta...

8. Törnblom, Mia. *Självkänsla Nu!* Forum 2005

Under rubriken Bra, skriver du det du gjort bra. Kanske bra att du gick till skolan. Bra att du bett någon om förlåtelse.... bra att du gått upp ur sängen...bra att du städat.... bra att du... pluggat på engelska läxan...bra att du läser detta...? - Du vet bäst själv.
Under Välkommen, skriver du sådant du önskar dig. Välkomna mig att läsa läxan... välkomna mig att be den och den om förlåtelse. Välkomna mig att ta vara på dagen... välkomna mig att spara pengar... välkomna mig att äta sunt....?

Skriv till dig själv. Inled med en hälsning till dig själv exempelvis: - Kära Laban/Lisa, Tack för en fin dag. Skriv ditt eget namn istället för Laban och Lisa. Finn en rutin för när du skriver. Förslagsvis varje kväll innan du somnar. Att skriva innan du somnar hjälper dig att rensa ut vad som hänt under dagen. Genom att skriva ner tacksamhet, bra och vad du önskar välkomna i ditt liv har du berättat för någon, dig själv, och du kan sova lugnare och tryggare. Det är svårt att lyssna på andra och vi hör mest vad vi själva säger, eller hur? Skriv alltså till dig själv. Du kan efter lite tid (veckor eller månader) finna glädje i att titta tillbaka och läsa vad som hänt i ditt liv. När du bläddrar tillbaka i din egen bok och text, som du skrivit till dig själv, får du distans och lugn, till ditt eget liv.

Om det är jobbigt i ditt liv just nu, -visst, kan det kännas skönt att skriva av sig? Skriv gärna dagboken i positiv form, - tack, bra och välkommen. Om du fokuserar på det som varit dåligt och tungt i dagboken, förstorar du det dåliga. Hur vill du ha det? -Bra, kul och lyckligt? Skriv och var tacksam över det som är bra, kul och lyckligt så växer det. Det du fokuserar på växer. Europeiska samhället, vi lever i, fokuserar ibland på problemen för att finna lösningar. I allt, förutom i matematik, är det givetvis logiskt, att tro att det går att finna lösning genom att dela upp problemen i mindre delar och lösa varje liten del. Metoden att lösa varje litet problem, när allt hänger i hop, kan vara vilseledande. Om du fokuserar på problemen, om än i mindre delar, är fortfarande problemen i fokus, lösningen sitter ofta utanför händelsen och problemet. Fokusera på lösningen du vill ha. Gå ifrån ältande och upprepande av negativa och dåliga saker som hänt. Fokusera på det positiva, även om det är lite. Förstora det positiva, och du får mer av det. Känn att du har det du vill ha redan nu och det realiseras även i verkligheten.

Om du finner det besvärligt med Må Bra Bok – att skriva rubrikerna Tack, Bra och Välkommen. Skriv bara tack- dagbok. Skriv bara tackdelen:

Tack för att jag bor i ett land utan krig...

Tack för att jag fått mat...

Tack för att jag har rent vatten...

Tack för att jag fått tvätta och duscha mig... ja alla dessa underbara gåvor vi oftast har lyxen att ta för givna.

Tack för hälsan...

Tack för att jag gick till skolan...

Tack för läxan...

Tack för att jag kunde be om förlåtelse...

Kanske kan du känna tacksamhet till någon eller några t ex djur, vänner, syskon, lärare eller föräldrar?

Övning 4 - Rutin i vardagslivet

Fyll i klockslag på raderna eller skriv i din skrivbok, dagbok eller lösblad - välj själv:

Tider/klockslag:

När förbereder du morgondagen? _____

När packar du gymnastikväskan? _____

När packar du frukt eller mellanmål?_____

När har du tid för läxor? _____

När har du tid för hobby eller sport? _____

När har du tid för vänner eller familj? _____

Vilka tider är lämpliga för att äta och sova?
_____

Vad behövs för att du skall kunna äta och sova vid
de tider du angett?
_____

Övning 5 - Hur lägger du din tid?

Fyll i tiden du lägger på respektive aktivitet på varje rad
under din fritid vardagar efter skoltid.

Skoltid brukar vara kl 8-15 så vad händer där efter?

	Minuter/timmar
1 Sport	_____
2 Promenad/vara utomhus	_____
3 *Spela dator:*	
3:1 Kärlekstema	_____
3:2 Våldstema	_____
4 *Se på TV:*	
4:1 Kärlekstema	_____
4:2 Våldstema	_____

5 Träffa vänner _____

6 *Träffa familj:*

6:1 Träffa förälder _____

6:2 Träffa syskon _____

7 Läsa/skriva läxor _____

8 Läsa/skriva bok / text _____

9 Sömn _____

10 Sjunga, dansa, måla, kreativt _____

11 Hjälpa till hemma _____

12 Bråk, drama, argumentationer
med familj eller vänner _____

13 Övrigt _____

Hur lägger du din tid under helger?

Minuter/timmar

1 Sport _____

2 Promenad/vara utomhus _____

3 *Spela dator:*

3:1 Kärlekstema _____

3:2 Våldstema _____

4 *Se på TV:*

4:1 Kärlekstema _____

4:2 Våldstema _____

5 Träffa vänner _____

6 Träffa familj:

6:1 Träffa förälder _____

6:2 Träffa syskon _____

7 Läsa/skriva läxor _____

8 Läsa/skriva bok/text _____

9 Sömn _____

10 Sjunga, dansa, måla, kreativt _____

11 Hjälpa till hemma _____

12 Bråk, drama, argumentationer
med familj eller vänner _____

13 Övrigt _____

Studera och analysera resultatet av hur du lägger din tid. Känns det jämt? Något du vill göra mindre av? Något du vill göra mer av?

Fråga dig själv hur du vill att ditt liv skall se ut? Hur ser dina vanor ut? Vad behövs för att du skall få mer av vad du vill ha? Skriv din önskan här:

_____

Frigör din energi genom att städa ditt liv för ett rikt och enkelt liv. Att vara omgiven av saker är inget.
Att vara omgiven av människor och kärleksfulla relationer ger dig ett rikt liv[9]. Kanske kan övningen ovan ge lite riktning i hur du spenderar din tid?

För ett rikt liv behövs positiva energivibrationer. En källa till energi är goda relationer. Positiva energivibrationer får du även genom att vara ute i naturen, sömn och näringsrik mat.

Övning 6 - Se över vad du äter

Per dag/dygn

Antal grönsaker: _____
Antal frukter: _____
Antal liter vatten: _____

När och hur mycket laddar du din kropp med positiv energi? Kontakt med natur och eller djur? Kontakt med naturliga råvaror som färsk frukt, vatten och grönt?

9. Shine, Betty. Sinnets Magi, *Fantasin är nyckeln till universum*. 1998.

Goda relationer

Sök goda relationer, känn kärlek och trygghet till dig själv. Genom att vara närvarande i nuet minskar tankeflödet och känsla av harmoni infinner sig. Känn kärlek och trygghet till dig själv och försök att känna tacksamhet till det som är. Känn livet och varje ögonblick som en gåva till dig själv. Att i stillhetens rymd komma in i känslan av kärlek och trygghet finns här och nu. Acceptera dig själv och därmed nå den trygga person du verkligen är.

Gradvis, i tomrummet, i stillheten, växer likheter fram även där relationen kanske varit skadad. Att ge upp och acceptera nuet och vara tacksam för det som är ger frihet i sinne och tankar. Avstå från att påskynda goda relationer, utan var närvarande i det läge där relationen är både med dig själv och andra. Gradvis, genom att inte försöka, genom närvaro, repareras banden och förtroendet blir starkare. När det finns kontakt, när tillit och förtroende börjar skapas, först där efter kan konstruktiva idéer och en positiv framtid formas. Att be om förlåt och stå för sin del i en konflikt eller oro är en väg att finna fast mark. Begär inte av andra vad de skall göra. Gör din del, och försök att vara förändringen som du vill se. Ha tålamod. Känn tacksamhet för det som är. Försök att finna det som är bra och fungerar och var tacksam för det. Genom stillhet i tankarna kommer äkta och genuin tacksamhet till det som är och finns istället för att önska allt det som du inte har. Genom meditation och stillhet i dina egna tankar kan du även få distans och få nya positiva förebilder om dessa saknas för närvarande.

"Yesterday is history
Tomorrow is a mystery
Today is a gift
That is why we call it present"
- Kung fu Panda[10]

10. *Kung Fu Panda*. 2008. Animerad film.

Se dig själv likt en vacker sjö. Föreställ dig, att du är en stilla sjö. Vacker och fridfull. Du är hela sjön med allt dess vatten från sjöns djup till ytan till dess omkringliggande stränder och klippor. Det kan blåsa upp till storm. Vinden kan vina längs sjöns omkringliggande träd. Vattenytan kan bli vågig. Under ytan är vattnet i det närmaste oberörd. Vågdalarna berör inte den större mängden vatten i sjön. Du är hela denna sjö, lugn, stillsam och fridfull. Allt är okej i nuet.

Ditt syfte

Ditt syfte är att låta medvetenhetens skapelse lysa genom dig. Genom att komma in i medvetenheten genom nuet, manifesteras universums syfte genom dig. Universum vill komma till liv. Universum vill manifestera sig självt genom allt myller av olika växter-, djur-, och mänskliga livsformer dvs medvetenhet. Ditt syfte är att bidra till medvetenheten, genom din närvaro. Med din närvaro bidrar du till universums syfte och fullbordan. Stillheten i ditt sinne och tankar ger närvaro. En väg till närvaro är att observera tanken, vilken leder in i nuet. I nuet är du fri från tidigare misstag, blir alert och har tillgång till din kunskap och kan lättare göra medvetna, kärleksfulla val som gynnar dig... Medvetna val möjliggörs när vi är vakna. Vi har all vishet inom oss. Allt du behöver finns inom dig. Genom stillhet i tanken kan du komma åt din kunskap. Genom att vara uppmärksam i nuet får du tillgång till din egen gudomliga visdom.

Du blir ditt äkta jag.

Vi vet alla vad som är rätt och riktigt. Vi har alla moral. Vårt omdöme störs och blir otydligt för oss själva när vi har för mycket tankeverksamhet. Observera tanken. Acceptera nuet och du blir fri. Genom att observera tanken eller genom att observera dig själv som tänkaren, minskar tankeverksamheten från att vara en stor flod till att bli en liten fridfull bäck. En väg till nuet och medvetenhet är att observera tänkaren. - Se dig själv utifrån. Ta på något. Observera känslan av det du berör just nu. Det kan vara dina fotsulor mot golvet om du står eller sitter. Det kan vara resten av din kropp om du ligger eller sitter. - Observera känslan! Genast minskar ditt mentala brus och du kommer in i nuet. Medvetenhetens vackra fält öppnar sig för dig.

Vad som än händer: var tacksam och acceptera det som händer. Nuet är neutralt och omöjlig att ändra, just nu.

Kärlek vår grundkänsla

Kärlek är vårt grundläggande naturliga tillstånd av känslor. Den dominerande känslan är dock rädsla. Rädsla väger mycket tyngre och styr i högre grad vårt beteende än kärlek. Rädsla kan delas upp i två delar. Antingen är det en omedelbar fara som att det brinner eller en stor sten kan komma och trilla över oss och då är det viktigt att agera och sätta sig i säkerhet. Är det inte omedelbar fara är det en tanke. En tanke - kanske oro för något i framtiden eller något som har hänt? Kanske rädd att inte duga, för hälsan, vad vänner skall tycka och säga eller att inte vara behövd? Fråga dig själv: -Hur är det just nu? Om du känner rädsla, vilket många gör hela tiden, observera tanken - fråga dig själv hur det är just nu? Genast släpper rädslan och förvandlingen börjar. Genom att observera tanken om rädslan kommer du in i grundtillståndet - kärlek.

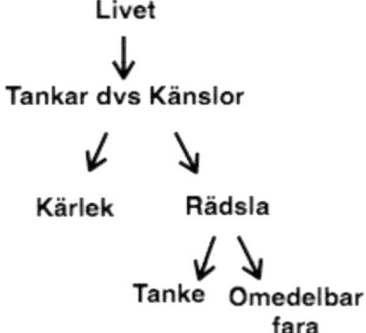

Bild. *Genom att observera rädslan som en tanke kommer du vidare till grund tillståndet kärlek.*

I tillståndet kärlek är du fri, lycklig och kan känna ökad harmoni med världen. Meningen med livet är lycka, som bekant?

Med övning kommer du allt oftare att vara i ett lyckligt kärleksfullt tillstånd. Det fina är att du är redan hemma. Du behöver bara komma in i ditt eget grundtillstånd - kärlek. Det är vanligt i europeiska samhällen att sträva och längta till att vara perfekt och lycklig. Högsta lottvinsten är redan vunnen. Du är kärlek och universums medvetenhet när du är dig själv. Genom att observera tanken, genom nuet, når du ditt naturliga tillstånd - kärlek. Att våga ge upp och låta dig själv falla i omständigheternas rymd av möjligheter kan vara en läskig känsla. När känslan av rädsla är iakttagen som en tanke flyter du ihop med kärlek. I kärlekens rymd, när du är avslappnad, landar du mjukt. Bara du kan låta dig ge upp och visa dig svag. Bara du kan ta steget över motståndets kant. Bara du kan våga ta steget över kanten och falla. Det känns som du faller men i själva verket lyfter du. Du lyfter viktlöst upp i medvetenhetens omhuldande kärlek.

Genom att ge upp blir du mjuk i kanterna, du får kontakt med dig själv och universum börjar flöda med dig, lyfta dig i sin allvetande kärlek.

"Kom ihåg att få kontakt med dig själv och därmed livet"[11]

Vi hör alla ihop. Allt är energi och alla är vi födda ur stjärnornas kosmos. En vacker iakttagelse är att de som finns här och nu i detta rum eller plats har genom alla olika val som vi, våra föräldrar, deras föräldrar och vidare genom hela världshistorien sedan tidernas begynnelse fört oss som är här, just hit, till denna plats, just nu.

Ett buddistiskt ordspråk lyder:
- *"Varje snöflinga landar på precis rätt ställe"*.

Allt har ett syfte och en mening. Ibland kan det kännas att det tar lång tid innan "meningen" med vissa händelser träder fram. Låt det ta tid och acceptera nuet. Kom även ihåg att det är alltid rätt tillfälle att göra någonting rätt om du får en ny insikt.

---

11. Film. *The Holy man*. Eddie Murphy i huvudrollen. 1998.

Om att prestera

Dagens svenska skola har som mål att förbereda alla växande personer kunskap för att kunna klara sig själva så bra som möjligt i livet. Dagens skolsystem mäter hela tiden elevens prestationer. Efter prestationer ges betyg. Betyg som speglar dina goda prestationer ger dig fler valmöjligheter. Med valmöjligheter kan du välja det yrke eller den sysselsättning som just du är intresserad och passionerad av. Att kunna följa sin passion och syssla med det du vill och har intresse för ger ofta lyckliga känslor, och därmed ett rikt liv.

Det kan tyckas att betyg som mätinstrument är orättvist och att det är knasigt att värdera personer efter deras prestationer? Är det inte så med allt? Äter vi t ex en potatis eller frukt är vi givetvis intresserade av kvalitén? För en frukt av hög kvalité kan vi vara villiga att ge en högre summa pengar för att erhålla. Det är likadant med utbildning och arbete. För en person eller elev som kan leverera hög kvalité är arbetsmarknaden villig att betala mer för. Bakom allt detta och för att inte jämställa sig själv med en frukt eller grönsak är det fint att se bortom prestationen, till varandet. Genom varandet kan vi värdera och se människan som någonting än mer värdefullt. Även om prestationen mäts och kan avgöra dina valmöjligheter längre fram, i det sammanhang där du verkar, är du större än prestationen och ingår i skapelsen självt. -Du är varandet.

Om att finnas till

Varande – trygghet i sinnet av att finnas till är mycket värt. Varandet som sinnelag är en skön, behaglig och trygg känsla. Vi är alla helt unika och skapelsens perfekta avbild. Varje blomma, frukt, grönsak, djur, träd eller människa kort sagt, allt levande, är heligt och helt underbart värdefullt.

Frihet inom strukturen

Det kan tyckas att skolan bara är struktur och inte frihet? Genom att agera inom skolans struktur finns - frihet. Frihet visar sig allt mer när du kan välja yrke och livsstilsval utifrån dina goda kunskaper och prestationer. Acceptera skolan, dess struktur och brister och du bli fri. Välj rätt attityd och ge upp motståndet. Skolans struktur är som den är just nu. Det enda som kan ändras är din inställning till skolan. Både samhället, världen och skolan kan utvecklas positivt och enda sättet, om du vill påverka, är att arbeta inom den struktur som finns.

Genom att arbeta inom den givna strukturen kan du bidra till att skola, samhälle och världen blir som du önskar.

*"Var förändringen du vill ha i
din omgivning."*
- Mahatma Gandhi[12]

Pose

Sitt rätt och få svaren rätt! Med rätt sittställning eller pose är halva vägen till goda studieresultat nådd. Rak i ryggen fötterna i golvet så att du får stöd. Båda händerna på bordet, ena håller pappret och den andra håller pennan i ett fast grepp. Likt att köra bil eller cykel så är det båda händerna på ratten eller styret som gäller. Har du sett en dirigent leda en orkester alldeles svettig och röd i ansiktet? Kan du vifta med armarna i luften likt en dirigent? Verkar det jobbigt? Är att skriva med papper och penna jobbigt? Nej, men det borde vara det! För att få ett bra resultat behöver du ta i lite! Studier är likt idrott, du behöver kämpa lite för att få det resultat du vill ha.

Bild. *I vaket tillstånd är det vanligt att europeiska människor befinner sig i ett tillstånd av stimulans eller struktur. Observera tänkaren, dig själv, för att välja den väg du önskar.*

En hemlighet till harmoni, lycka i skolan och livet är att öva in rätt vanor. Genom den enkla vanan att sitta rätt kommer dina resultat öka dramatiskt. Sitt i "trappställning" med fötterna stabilt i golvet och armarna med handleden vilandes vid bordskanten. Vänster hand håller i pappret och höger hand håller i pennan, eller omvänt om du är vänsterhänt. Skriver du på dator sitter du i likadan "trappställning" och har båda händerna på tangentbordet. Handleden ungefär vid bordskanten. Gärna händerna något höjda som om att du har en luftkudde under handflatan och bara trycker ner rätt tangenter med rätt fingrar, om du använder tuchemetoden. Det är vanligt att elever använder musik i hörlurar för att koncentrera sig lättare när det är stökigt och hög ljudvolym i klassrummet. Att ha hög volym i öronen för att filtrera bort annan hög volym kan vara tröttsamt. Som du vet är öronen känsliga och ömtåliga. Värna om din hörsel genom att vara rädd om dina öron på alla vis. Använd hellre hörselkåpor som täcker hela örat eller öronproppar för att dämpa ljudvolymen från klassrumet.

Studieteknik

1. Skapa ett lugn runt om kring dig genom att stänga av ljud, mobiltelefoner och andra sociala medier. Stäng av Facebook och sms. Alla samtal och meddelanden kan vänta och de finns kvar när du fått gjort det du önskar. Sätt dig avsides och gärna med bra bord och stol.

2. Se dig själv som klar, och att du skall repetera lite. Om du skall skriva en uppsats eller berättelse – skriv en kladd. Skissa och försök att finna lösningar. När du har en kladd har du som en kropp eller deg du kan börja arbeta med.

3. Repetera, repetera, repetera, öva, öva, öva och våga misslyckas. Ta vad det än är för uppgift inte så allvarligt. Kom ihåg att du inte är prestationen utan varandet.

4. Koppla av. En avkopplad hjärna är öppen för inlärning och mottaglig för information.

5. Bläddra gärna i böckerna och skapa dig själv en överblick. Läs gärna bildtexter och faktarutor för att få en överblick vad t ex boken handlar om.

6. Pausa regelbundet genom att kort röra lite på dig, få lite luft och stretcha lite. Kom ihåg, drick gärna rikligt med vatten eller ännu bättre varmt vatten eller milt te och undvik socker.

"Man lär sig inte matematik man vänjer sig"[13]. Gör det tråkiga först så kan du göra det roliga länge.

"Kunskapens rot är bitter men dess frukter är ljuvliga", som det är skrivet över vissa äldre skolbyggnaders dörrar.

Det finns inga misslyckanden, bara försök till fullbordan. Hur skulle något kunna bli utan träning och försök? Misslyckanden är bevis på försök.

Kunskaper och betyg

Lärarna registerar dina resultat vilket blir ditt betyg. Fokusera på att trivas med dig själv och andra. Lyssna, ge upp och var öppen så kommer dina studieresultat ofta på köpet. Jaga alltså inte betyg. Arbeta för att få hög kunskap genom repetition och övning och resultatet blir en naturlig följd.

Använd struktur för smidig skolgång

Gör det lätt för dig själv att lyckas med ditt skolarbete. Skaffa en stor papperspärm med tygrygg och ett register från A till Ö.

---

13. Liedman, Sven-Eric. *Ett oändligt Äventyr*. 2001.

Varje skolämne får var sin flik i din pärm, gärna efter bokstav. Exempelvis hamnar ämnet engelska under E och ämnet mattematik under fliken M. Lägg in alla papper, stenciler och prov löpande allt eftersom det händer under respektive flik.

Även om du tycker att du inte har mycket papper och mycket sker elektroniskt via datorn hjälper det dig att ha en fysisk pärm. Pärmen bidrar även till ett lugn. Istället för att hålla röran i huvudet, var du har lagt allting, kan du koppla av, vara trygg med att det du behöver finns i pärmen. Ordna pärmen redan första skoldagen för att vara väl förberedd. Om du använder dator, lika väl, använd träd och mappar för alla olika ämnen som du har. Döp alla dokument med prefix för vilket ämne det är, vad du skriver om, ditt namn och datum. Exempelvis kan ett arbete om Antika Grekland i So heta: so antikagrekland labanolsson ÅÅMMDD.doc; skriver du en analys över en film i engelska: eng filmen filmensnamn_ _ _ _ labanolsson ÅÅMMDD. Låt säga att du skriver och uppdaterar din skrift om Antika Grekland och engelska filmen - spara gärna varje dokument efter varje dag genom att bara ändra datumet. Det kan vara kul att se hur många gånger du uppdaterat varje dokument innan du är klar och lämnar in till läraren. Uppdateringar och renskrivningar ger ofta ett bättre resultat, som du vet?

Genom struktur blir det enklare att hitta och få överblick, en förutsättning för goda betyg. Ordna ett pennfack. Förslagsvis en liten tygpåse lång nog att rymma en liten 20 cm linjal. Kanske kan du sy ett i slöjden? I ditt pennfack har du förslagsvis en uppsättning blyerts- och bläckpennor. Komplettera med pennvässare, suddgummi, färgpennor, överstryknings-pennor, linjal och gradskiva. Till varje lektion, se till att minst ha med dig penna och papper. Gärna rätt böcker, pennfack med pennor klara att använda, till varje lektion.

Din hjärnas fysiologi

Du är din hjärna, dvs dina tankar, som styrs genom en klump av fett 1,5 kg i vikt. Det är vanligt att låta en åkomma på kroppen styra hur vi mår i våra hjärnor, dvs vårt humör. Har vi ont någon stans? Ont i tån, magen, kanske en kroppsdel tar vårt sinne ofta friheten eller latheten att må dåligt i hela humöret och hela kroppen. Allt är bra i nuet. Hur är det just nu? Vi struntar i hur det var för 2 sekunder sedan. Vi struntar i hur det blir om 2 sekunder. Hur är det just nu? Allt är bra i nuet. Var närvarande i din handling. Genom att acceptera nuet frigörs ett lugn, lycka och potential. Kraft, energi och ork/styrka frigörs i ditt sinne och hjärna, när du har kontakt med dig själv. I nuet kommer ett lugn. I lugnet får du stillhet bland dina tankar, och du kan "höra" kloka långsiktiga val. Vi letar gärna efter lyckan utanför oss själva: "-Om jag bara hade de där vännerna, den där bilen, de där kläderna..., ja då skulle jag vara lycklig." Lyckan finns här och nu. Allt du behöver finns inom dig. Du behöver bra ha lugn bland tankarna för att känna och bli påmind. Stressiga tankar kan göra oss handlingsförlamade. Genom att ha ordning, struktur, och papper i en pärm kan du frigöra energi och därmed få ökad harmoni i livet. Harmoni, lugna vibrationer med dig själv och omvärlden gör att positiva människor, kunskap och händelser dras till dig, kallat attraktionslagen.

Ninas kvällsbok
Filmen Ninas Kvällsbok[14] visar hur det är möjligt att bestämma över sitt eget liv.

---

14. Film. *Ninas kvällsbok*. Svensk Filmindustri. 2007

Karaktären, Nina, i filmen Ninas Kvällsbok är i början av filmen allt som börjar på o -okul, -osnygg, -okysst. I slutet av filmen är Nina allt som börjar på o -otroligt underbar, oerhört snygg, och odödlig.

Vad har gett förändringen? Nina har börjat tro på sig själv och struntar i omgivningen. Hon har sagt ifrån och gjort sig av med en egoistisk kompis. Hur har allt detta skett? Nina skriver givetvis dagbok! I stillheten, som uppstår vid dagboksskrivande, är det lättare att hitta sin egen grundkärna. Genom kontakt med sitt eget jag blir allt rätt och goda omständigheter dras och kommer till henne. Kanske finner du fler vägar att må bra om du ser filmen och avgör själv?

Bli dig själv genom teater

Att agera i en pjäs- eller teatersammanhang kan vara väldigt befriande. Alla spelar vi roller och är en del i samhällets "gudomliga komedi". Du föds och ingår sedan i ett sammanhang.

Med vissa grupper av personer har du en roll medan du i andra grupper har en annan roll. Att ingå i ett teater-sällskap och aktivt spela tilldelade roller av olika personer och händelser är en väg att få distans och finna sig själv. Teater och humor kan ge distans till krav och prestationer. Teater är en väg att lära sig det mesta. Teater är kul och flera av ämnena kan byggas och ageras in. -Tänk att agera som t ex ett träd, hjälte eller skurk i en teater?

Självkänsla genom jobb och arbete

Att ha ett jobb, oavsett vad det är, och därigenom tjäna pengar är ofta stärkande för självkänslan. Att extraknäcka på helger och lov, blir en utbildning i ansvar och kan ge motivation samt driv till fler aktiviteter. Även skolaktiviteter! Med lite egna, hederligt förtjänade, pengar kommer frihet att tänka i större banor så kallat fantasi. Pengar kommer ofta som belöning efter tråkiga, monotona och slitsamma strävanden. Att komma i tid och utföra de arbets- uppgifter som överenskommits är ofta vad som behövs vid de första jobben alla människor har. Ordspråket lätt kommet, lätt förgånget stämmer väl på pengar. Personer som får pengar snabbt och lätt blir ofta av med dem lika snabbt. Så gör en ansträngning och se hur det finns möjlighet att tjäna lite extra pengar där du bor. Kan du hjälpa de som bor nära dig med något? - Kanske: städa, putsa fönster, tvätta, måla, klippa gräs och häckar... passa barn, laga datorer eller göra hemsidor, laga mopeder, dela ut tidningen... du vet bäst själv? En väg är att anställa sig själv och sälja något kreativt hantverk, sy, sticka, konstnär inom måleri, dikt eller sång och musik eller ordna utflykter eller aktiviteter. Vad du än väljer för jobb stärker det vanligtvis din självkänsla vilket leder till nya utmaningar, kanske roligare och till och med bättre betalt? Om du får ett jobb, även om det är tråkigt, kanske monotont, var tacksam. När något är monotomt eller tråkigt - gå in i nuet. För in medvetenhet i det du gör och håller på med, släpp motståndet, ge upp, och där i tomrummet kommer gladare tankar. Vanligt att idag välkända människor du läser om i t ex tidningar eller historie-böcker började vid tidig ålder, ofta med tråkiga och enkla jobb. Vad har du för möjlighet att börja ta ansvar för något jobb?

Ur boken: Livets sju andliga lagar [15]
Vi reser på en kosmisk resa - stjärndamm som snurrar
och dansar i evighetens strömvirvel. Livet är evigt. Men
uttrycken för livet är förgängliga, tillfälliga och
övergående. Buddhismens grundare lär ha sagt en gång

- *"Denna vår existens är lika flyktig som höstmoln.*
Att se på varelsers födelse och död är som att
titta på en dans. En livstid är som en blixt i skyn. En livstid
störtar förbi likt droppen i en fors över ett brant stup."

Vi har stannat en stund för att sammanträffa med
varandra, mötas, älska och dela med oss. Det är ett
värdefullt ögonblick, men det är övergående. Det är en
liten parentes i evigheten. Om vi delar med oss av
omtanke, sorglöshet och kärlek kommer vi att skapa
överflöd och glädje för varandra. Då har den här
stunden varit värd sin tid.

Text, Deepak Chopra; Amerikansk läkare och filosof med Indiskt
ursprung. Text något förenklad av författaren.

15. *Livets sju andliga lagar.* Chopra, Deepak. Forma Books AB. 1996.

Identitet

Vad är vår identitet? Hur uppfattas vi av omvärlden? Vi uppfattas av omvärlden genom vår energi, utseende, kroppsspråk och tal. Våra ord berättar en del av vårt inre till omvärlden. Våra ord blir till handlingar. Vårda därmed ditt språk för det är en del av dina tankars spegelbild. Ditt språk, även om det är en förvånansvärd liten del av all kommunikation, visar för andra hur du mår och vad du känner.

Det är inte vad som sägs utan hur det sägs som avgör vad som landar hos mottagaren. Ditt språk behöver alltid anpassas till mottagaren. Retorik översätts ofta som "konsten att tala" vilket bara är halva sanningen. Retorik betyder konsten att få andra att förstå vad som menas - hur ditt budskap landar hos varje mottagare. Runtomkring varje människa finns ett associationsmoln. Vem som säger vad, i vilket sammanhang, på vilket sätt det sägs, utseende, ålder, kön, läggning, position i samhället... allt spelar roll för hur mottagaren uppfattar budskapet av vad du säger. Genom kontakt med ditt inre kommer detaljerna och kvalitet i det du gör och säger, av sig självt, utan ansträngning. Du är varandet, mycket djupare, än detaljerna och när du är i kontakt med varandet kommer äkthet och kvalitet, utan ansträngning.

Vårda därför dina ord och ditt språk. De små detaljerna, ord, underlättar hur vi lever våra liv och till viss del graden av acceptens i samhället eller den grupp du tillhör eller vill tillhöra. Genom att vara i kontakt med dig själv kan du känna skillnaderna som gör skillnaden för ett lyckligt liv. Låt din intuition nå dig, genom stillhet, och världen kommer till dig. Ett andetag som är medvetet ger dig intuition, visdom och kontakt med dig själv. Genom att du är medveten blir du sann mot dig själv och därmed mot andra.

Medvetet andetag

Ett medvetet andetag kommer genom att släppa och ge upp. Ett medvetet andetag är någonting som kommer när du har kontakt med dig själv. Buddhismens grundare menar att vi alla når medvetenhet vid vårt sista andetag som alltid är i stillhet och tomrum. Lösningen är att ta ett första medvetet andetag redan nu och leva livet i sin fulla potential och lycka. Enligt Eckhart Tolle som citerar många andra medvetna och lyckliga människor är allt som behövs - ett medvetet andetag.

Hur ofta är vi helt medvetna om en full inandning och en full utandning utan att försöka? Ett fullt andetag utan att värdera eller döma? Vad är medvetenhet? Medvetenhet är när du är närvarande och här i tanken, just nu, medveten om att du är medveten. Du är den som är medveten om vad som händer dig.

Ditt nu är ditt liv

Ta vara på ditt nu. Ta vara på ditt liv, dig själv, genom att vara glad just här och nu. Låt inte någon händelse, det kan vara en vän eller något du har hört i media, störa din glädje just här och nu. Utan var glad just här och nu. Låt din kropp, ditt hjärta och sinne fyllas av glädje nu, oavsett omständigheter. Förorena inte ditt nu genom att tänka på jobbiga saker som kommer eller tråkiga saker som har hänt, det ligger i det förgångna eller det ligger i framtiden och just nu kan vi inte påverka det i varje fall. Så ta vara på nuet. Var glad i nuet. Gläds i nuet för det är fantastiskt. Vårt liv, som du vet, består av små, små, små nu som upprepas hela tiden. All lycka, var glad!

...var så tacksam du
för att du lever här och
nu....
För ditt rike är ditt mentala
tillstånd.
Ja, vi skapar våra liv
med hur vi tänker
och hur vi ger.
Hur vi ger av trygghet.
Hur vi ger av glädje
formar våra liv.
Text: Christian Keiller

Slutord - tack

Tack för att du läste dessa rader. Genom att observera tanken, komma in i nuet, kan ditt första medvetna andetag ske och därefter kommer lycka med skolan och i livet, enklare. Ett medvetet andetag kommer genom att släppa efter och tillåta snarare än att göra. Ett medvetet andetag är ingenting du kan uppnå utan något som kommer när du är i kontakt med nuet och dig själv. Gå in i nuet genom att observera tanken. Med lite övning uppnår du allt oftare ett tillstånd av varande. En lätthet och frihet i sinnet och i dina tankar ger lycka.

Genom denna bok kan medvetenheten öka att det är möjligt att må bra utan yttre bekräftelser. Denna text uppmuntrar till att ta fram det goda du har inom dig. Bli ditt äkta, autentiska jag genom att gå in i nuet. Denna text försöker inte lägga till något. Denna text vill visa dig - genom att stilla tanken i ditt eget huvud finns möjligheten att bli fri i nuet.

Du är perfekt: livet och medvetenheten självt.

Önskar dig en härlig tid med skolan och med livet.

Keep it real![16]
Christian Keiller

---

16. Filmen. In da House. *Baron, Sacha Cohen som karaktären Ali G.*2003.

Källhänvisningar

1. Gustavsson, Lasse. *Brandmannen, Dina tankar Dina Möjligheter.* Publicom forlag AS, dvd 2006.

2. Tolle, Eckhart. *En ny Jord, Ditt inre syfte.* Ponto Pocket. 2007. ISBN 97789186587444

3. Bergman, Jackie. *Rädsla eller Kärlek? Ditt vägval!* 2009. Eget förlag år 2009, ISBN 9789163349546.

4 Tracy, Brian. *Secrets of self-made millionaires, Better Life Media.* USA dvd 2004.

5. Proctor, Bob. *http://bobproctorcoaching.com.* 2014.

6. Cutler, C. Howard och lama, *Dalai. Lycka!.* 1998. Egmont Richter AB, Malmö. 2002, ISBN 91 7711 961 4

7. Dyer, Wayne W. *Älska dig själv.* Schmidts Boktryckeri AB, Helsingborg.1983.

8. Törnblom, Mia. *Självkänsla Nu!* Bokförlaget Forum. 2005.

9. Shine, Betty. *Sinnets Magi, Fantasin är nyckeln till universum.* Egmont Richeter AB, Malmö.1998.

10. Filmen *Kung Fu Panda*, Mark Osborne. USA. 2008. Animerad film, Dream Works.

11. Filmen *The Holy man*. Eddie Murphy i huvudrollen. Buena Vista Pictures. 1998.

12 Gandhi, Mahatma, *Andlig och politisk ledare i Indien,* 1869-1948

13. Liedman, Sven-Eric. *Ett oändligt äventyr*. Bonnier Pocket. 2001, sjundetryckningen 2008, ISBN 9789100580933.

14. Joof, Hella. Filmen. *Linas kvällsbok*. 2007. Svensk Filmindustri.

15 Chopra, Deepak. *Livets sju andliga lagar*. Forma Books AB, Falun. 1996, nytryck 2012.

16. Filmen. *Ali G In da House*. Sacha, Baron Cohen. 2003. Universal Studios.